Blesteau · Godard

# Toupet

## fait sauter les plombs

DUPUIS

Dépôt légal : octobre 1994 — D.1994/0089/126
ISBN 2-8001-2124-6 — ISSN 0775-6852

Imprimé en Belgique.

# LES TOILES FILANTES

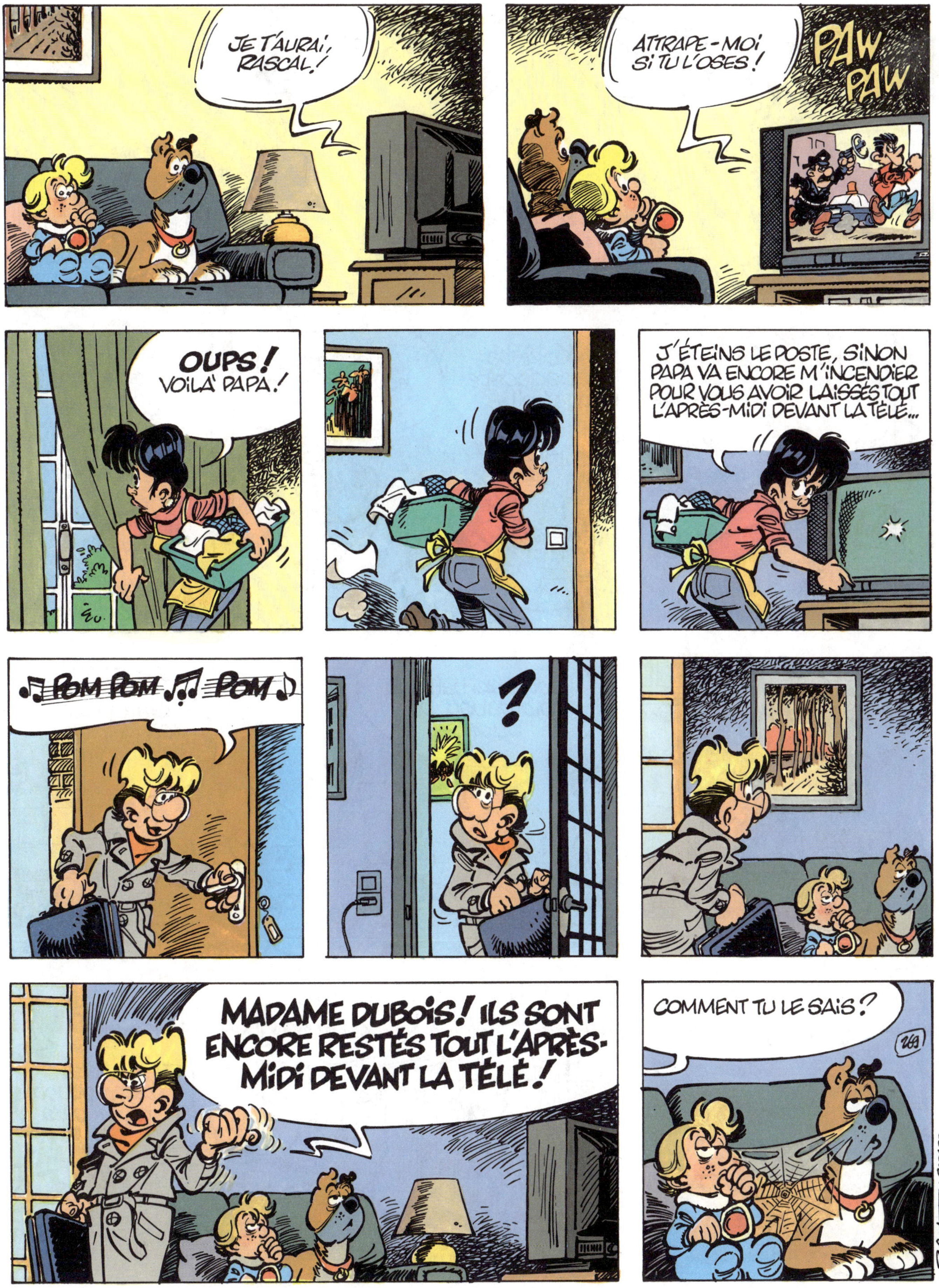
JE T'AURAI, RASCAL !
ATTRAPE-MOI SI TU L'OSES !
PAW PAW
OUPS ! VOILÀ PAPA !
J'ÉTEINS LE POSTE, SINON PAPA VA ENCORE M'INCENDIER POUR VOUS AVOIR LAISSÉS TOUT L'APRÈS-MIDI DEVANT LA TÉLÉ...
POM POM POM
?
MADAME DUBOIS ! ILS SONT ENCORE RESTÉS TOUT L'APRÈS-MIDI DEVANT LA TÉLÉ !
COMMENT TU LE SAIS ?

# BABYBLABLA

Kousti kalista kouki moumam bilbil ?
Kalibabi boubou baba...
Kokista gadagadababa-bou pilpil...
Ouaf grogro hof nouaf goug gou...
Ago !
Bourbaki babibou bibibabou ou baba ?
Gargapui-piou griniaka kakanouine...
Balong !
Bragbagbar grobidou babaga doup nougbilipil niam-niam !
Peuf !
Boah !
Pata batam pitapom patam patata poum...

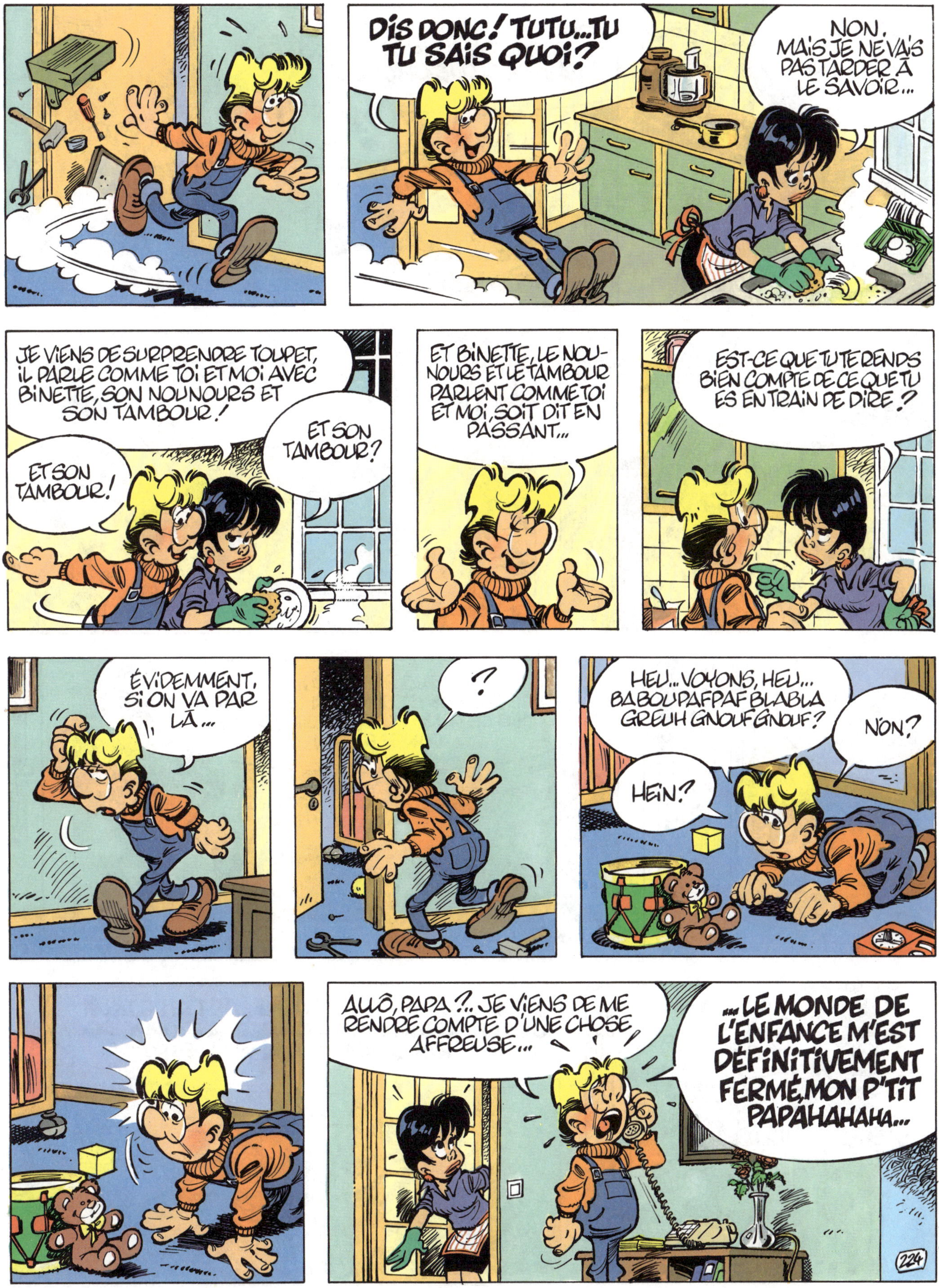
DIS DONC ! TUTU...TU TU SAIS QUOI ?
NON. MAIS JE NE VAIS PAS TARDER À LE SAVOIR...
JE VIENS DE SURPRENDRE TOUPET, IL PARLE COMME TOI ET MOI AVEC BINETTE, SON NOUNOURS ET SON TAMBOUR !
ET SON TAMBOUR ?
ET SON TAMBOUR !
ET BINETTE, LE NOUNOURS ET LE TAMBOUR PARLENT COMME TOI ET MOI, SOIT DIT EN PASSANT...
EST-CE QUE TU TE RENDS BIEN COMPTE DE CE QUE TU ES EN TRAIN DE DIRE ?
ÉVIDEMMENT, SI ON VA PAR LÀ...
?
HEU... VOYONS, HEU... BABOUPAFPAF BLABLA GREUH GNOUF GNOUF ?
NON ?
HEIN ?
ALLÔ, PAPA ?.. JE VIENS DE ME RENDRE COMPTE D'UNE CHOSE AFFREUSE...
...LE MONDE DE L'ENFANCE M'EST DÉFINITIVEMENT FERMÉ, MON P'TIT PAPAHAHAHA...
224

# TOUPET FAIT SON TROU

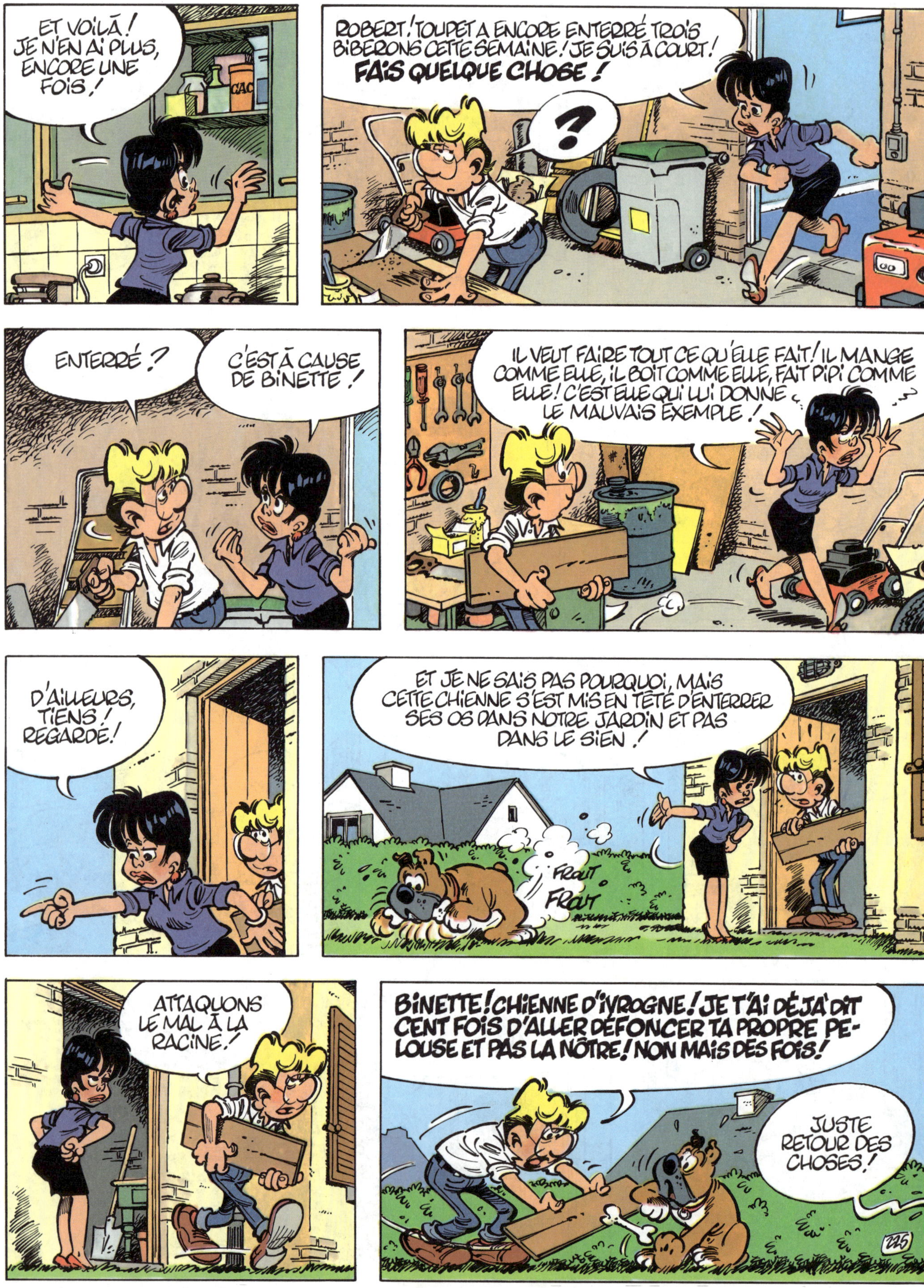

ET VOILÀ ! JE N'EN AI PLUS, ENCORE UNE FOIS !
CAC
ROBERT ! TOUPET A ENCORE ENTERRÉ TROIS BIBERONS CETTE SEMAINE ! JE SUIS À COURT ! FAIS QUELQUE CHOSE !
?
ENTERRÉ ?
C'EST À CAUSE DE BINETTE !
IL VEUT FAIRE TOUT CE QU'ELLE FAIT ! IL MANGE COMME ELLE, IL BOIT COMME ELLE, FAIT PIPI COMME ELLE ! C'EST ELLE QUI LUI DONNE LE MAUVAIS EXEMPLE !
D'AILLEURS, TIENS ! REGARDE !
ET JE NE SAIS PAS POURQUOI, MAIS CETTE CHIENNE S'EST MIS EN TÊTE D'ENTERRER SES OS DANS NOTRE JARDIN ET PAS DANS LE SIEN !
FRAUT
FRAUT
ATTAQUONS LE MAL À LA RACINE !
BINETTE ! CHIENNE D'IVROGNE ! JE T'AI DÉJÀ DIT CENT FOIS D'ALLER DÉFONCER TA PROPRE PELOUSE ET PAS LA NÔTRE ! NON MAIS DES FOIS !
JUSTE RETOUR DES CHOSES !
225

PLAÎT-IL ?
JE DIS, CE N'EST QUE JUSTICE !
PARCE QUE JE NE SAIS PAS COMMENT VOUS ÉLEVEZ VOTRE BÉBÉ, MAIS...
JE N'AI PAS DE LEÇON À RECEVOIR D'UN HOMME QUI N'EST MÊME PAS CAPABLE DE DRESSER SON CHIEN !
ALORS, EXPLIQUEZ-MOI POURQUOI CE BÉBÉ DE DÉBILES S'EST MIS EN TÊTE D'ENTERRER SES BIBERONS DANS NOTRE JARDIN ET PAS DANS LE SIEN !
KLONG
MA PELOUSE ! JOSEPH, FAIS QUELQUE CHOSE !
FROUT
FROUT
PLITCH
MMH ?
NON, RIEN.
CONCLUSION ?
ON EST PASSÉ TRÈS PRÈS DE LA CATA ! PENSE À CE QUI SERAIT ARRIVÉ SI TOUPET AVAIT ÉTÉ ÉLEVÉ AVEC UN OISEAU !
226

J'ME VOYAIS DÉJÀ...

DRIIIINNG
OOH, ROBERT, MON CHÉRIiii... TU NE DEVINERAS JAMAIS !
MON CHÉRI !?
NON. QUOI ENCORE ?
TOUPET VA FAIRE DU CINÉMA !
DU... DU... CIMÉNIMA ?
À 700 KILOMÈTRES DE LÀ...
FIGURE-TOI QUE J'ÉTAIS EN TRAIN DE ME BATTRE AVEC LUI AU SQUARE QUAND UN METTEUR EN SCÈNE QUI PASSAIT PAR LÀ M'A DIT...
"C'EST EXACTEMENT LE PERSONNAGE DONT J'AI BESOIN DANS MON FILM !"
LUI ET SON ÉQUIPE SERONT ICI CET APRÈS-MIDIiiiii !
MON FILS VA DEVENIR VEDETTE DE CINÉMA !
DÉSOLÉ, MAIS IL FAUT QUE JE PRENNE LE PREMIER AVION ! LE PETIT A BESOIN DE MES CONSEILS !
FINISSEZ SANS MOI !
TAXI
MON FILS VA DEVENIR VEDETTE DE CINÉMA !...
MON FILS VA DEVENIR VEDETTE DE CINÉMA !...

MON FILS VA DEVENIR VEDETTE DE CINÉMA !
SACREBLEU ! ILS ONT FAIT VITE !
"VOTRE VOIX NOUS INTÉRESSE" UNE/TRENTE-DEUX !
Sc.1/Take 32
CLAP
ET MAINTENANT, DEVANT TOUS LES SPECTATEURS RÉUNIS, DIS-MOI MON PETIT BONHOMME, SI JE TE DEMANDE DE VOTER POUR LE PROGRAMME DE LA MAJORITÉ, QU'EST-CE QUE TU ME RÉPONDS ?
INTERESSE
Nan !
SHRAF
FAITES COMME LUI ! DIMANCHE PROCHAIN...
VOTEZ NAN !
COUPEZ !
PLAP PLAP
BONNE POUR LE SON !
BONNE POUR L'IMAGE !
C'EST DANS LA BOÎTE !
ALLEZ, ON REMBALLE !
FLAF
BLOM TING
À PEINE EST-IL VEDETTE QU'ON CHERCHE DÉJÀ À LE RÉCUPÉRER POLITIQUEMENT...
NON, MAIS QUELLE ÉPOQUE !
PAUVRE TRÉSOR ! IL A BIEN LE DROIT D'AVOIR UNE OPINION, QUAND MÊME !
PANG PANG PANG
228

BONSOIR, JE SUIS VOTRE NOUVELLE BABY-SITTER !
Y A UN PROBLÈME ?
ENTREZ, QU'ON VOUS EXPLIQUE LE PROBLÈME...
DE TAILLE ! LE BÉBÉ EN QUESTION NE VEUT PAS DORMIR ! JAMAIS-JAMAIS !
ET DÈS QU'ON S'ÉLOIGNE, IL HURLE !
SOYEZ TRANQUILLES, VOUS SEREZ À L'HEURE À VOTRE SPECTACLE ! J'AI UNE TECHNIQUE INFAILLIBLE...
...JE LEUR RACONTE DE RAVISSANTES HISTOIRES... OÙ EST LA CHAMBRE ?
À DROITE.
ON A ESSAYÉ ÇA AUSSI, MAIS...
GROOHAYAYAYAYAAA
ALORS, LE PETIT GARÇON SE SAUVA EN COURANT, POURSUIVI PAR LE TUEUR FOU AVEC SON GRAND COUTEAU.
JE VAIS TE TRANCHER LA TÊTE, LES PIEDS ET LES MAINS, HURLA LE TUEUR FOU EN AGITANT SON GRAND COUTEAU...
...ET ENSUITE JE TE MANGERAI LA CERVELLE ET LES DEUX OREILLES !
...ET JUSTE COMME LE TUEUR FOU ALLAIT LUI ENFONCER SON GRAND COUTEAU DANS LE DOS, LE PETIT GARÇON TOMBA DANS UN TROU OÙ GROUILLAIENT DES RATS VISQUEUX, DES SERPENTS VENIMEUX ET DE GROSSES ARAIGNÉES POILUES...
ARGN
BROP
229

...UNE VIEILLE FEMME PASSAIT PAR LÀ EN PROMENANT SA PETITE-FILLE QUI PLEURAIT BEAUCOUP, CAR ELLE VENAIT DE SE FAIRE RENVERSER PAR UNE VOITURE !...
BÔH
...L'ASSASSIN FOU DE RAGE, LES ÉGORGEA TOUTES LES DEUX...
W.C.
BEUHARRRRR
...LE SANG GICLA... ET COULA SUR LA TÊTE DU PETIT GARÇON ET...
ÇA Y EST, IL DORT COMME UN ANGE... TECHNIQUE INFAILLIBLE, JE VOUS DIS !
BON BEN, VOUS POUVEZ Y ALLER MAINTENANT...
C... C'EST ÇA.
HOU
HOU
TOUT COMPTE FAIT, JE N'AI PLUS TELLEMENT ENVIE DE SORTIR...
MOI NON PLUS. ON VA SE COUCHER ?
JE NE SAIS PAS CE QUE J'AI, IMPOSSIBLE DE M'ENDORMIR...
MOI NON PLUS !
VOUS VOULEZ QUE JE VOUS RACONTE UNE HISTOIRE ?

# SAUVE QUI PEUT, C'EST FAIT!

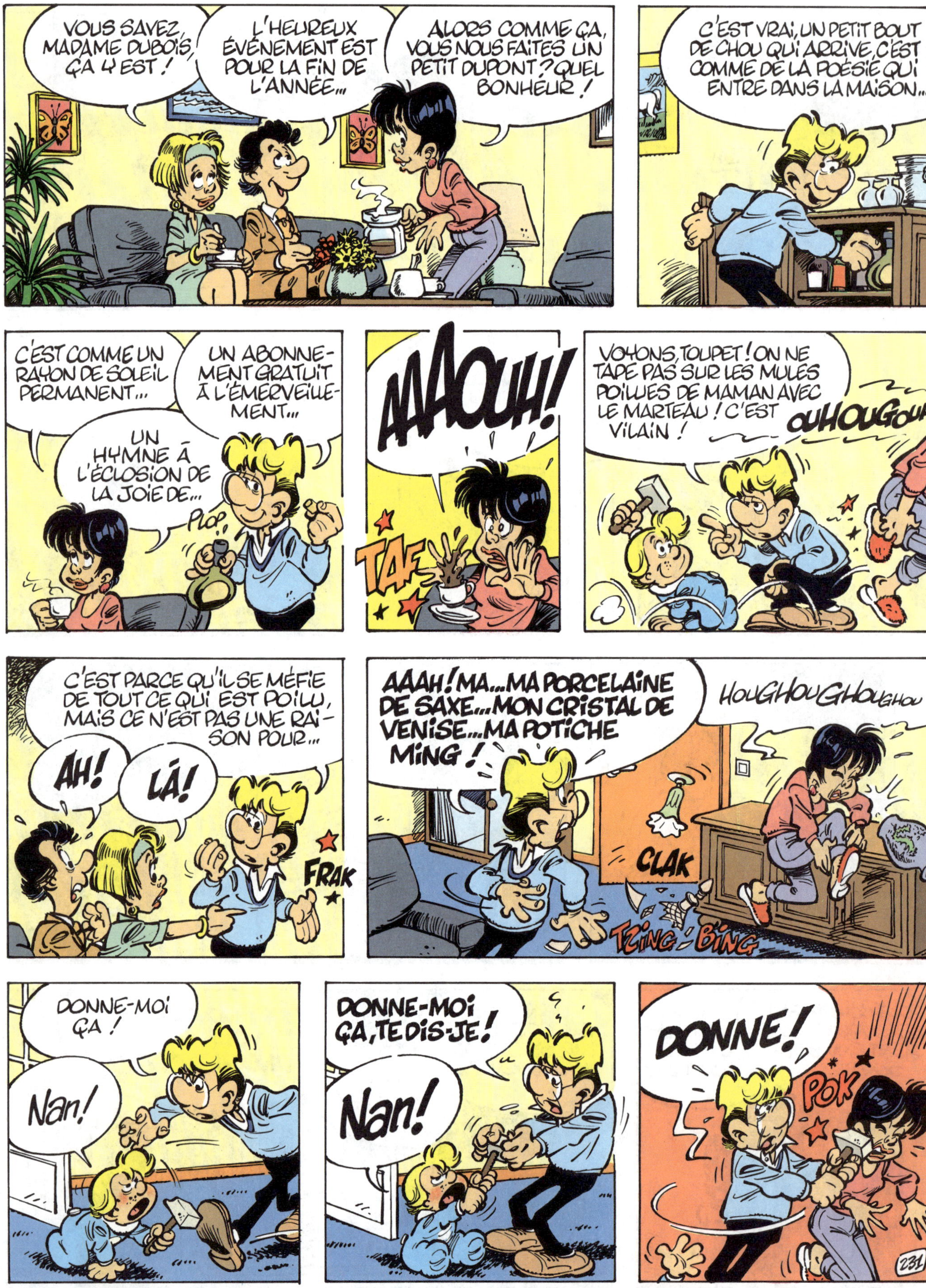
VOUS SAVEZ, MADAME DUBOIS, ÇA Y EST !
L'HEUREUX ÉVÉNEMENT EST POUR LA FIN DE L'ANNÉE...
ALORS COMME ÇA, VOUS NOUS FAITES UN PETIT DUPONT ? QUEL BONHEUR !
C'EST VRAI, UN PETIT BOUT DE CHOU QUI ARRIVE, C'EST COMME DE LA POÉSIE QUI ENTRE DANS LA MAISON...
C'EST COMME UN RAYON DE SOLEIL PERMANENT...
UN ABONNEMENT GRATUIT À L'ÉMERVEILLEMENT...
UN HYMNE À L'ÉCLOSION DE LA JOIE DE...
PLOP
AAAOUH!
TAF
VOYONS, TOUPET ! ON NE TAPE PAS SUR LES MULES POILUES DE MAMAN AVEC LE MARTEAU ! C'EST VILAIN !
OUHOUGOUH
C'EST PARCE QU'IL SE MÉFIE DE TOUT CE QUI EST POILU, MAIS CE N'EST PAS UNE RAISON POUR...
AH!
LÀ!
FRAK
AAAH ! MA... MA PORCELAINE DE SAXE... MON CRISTAL DE VENISE... MA POTICHE MING !
HOUGHOUGHOUGHOU
CLAK
TZING BING
DONNE-MOI ÇA !
Nan!
DONNE-MOI ÇA, TE DIS-JE !
Nan!
DONNE !
POK
231

OUIIIIN!
MA VAISSELLE RARE!.. MES MOUSTIERS! MA COLLECTION DE PLATS À BARBE DU 17e SIÈCLE!
BLING
BONG
MA FENÊTRE!
DZING
iiiiiiii
CHBOOF
NE POURRAIT-ON PAS ENFERMER UNE BONNE FOIS POUR TOUTES CE FORCENÉ DANS UN CUL-DE-BASSE-FOSSE ?!
PANG PANG
ON SE CALME!
ON SE CALME!
VOUS NOUS DISIEZ DONC, L'HEUREUX ÉVÉNEMENT, C'EST POUR QUAND ?!..
SALAUD!
BAF
232

# ÇA FOUT LES BOULES

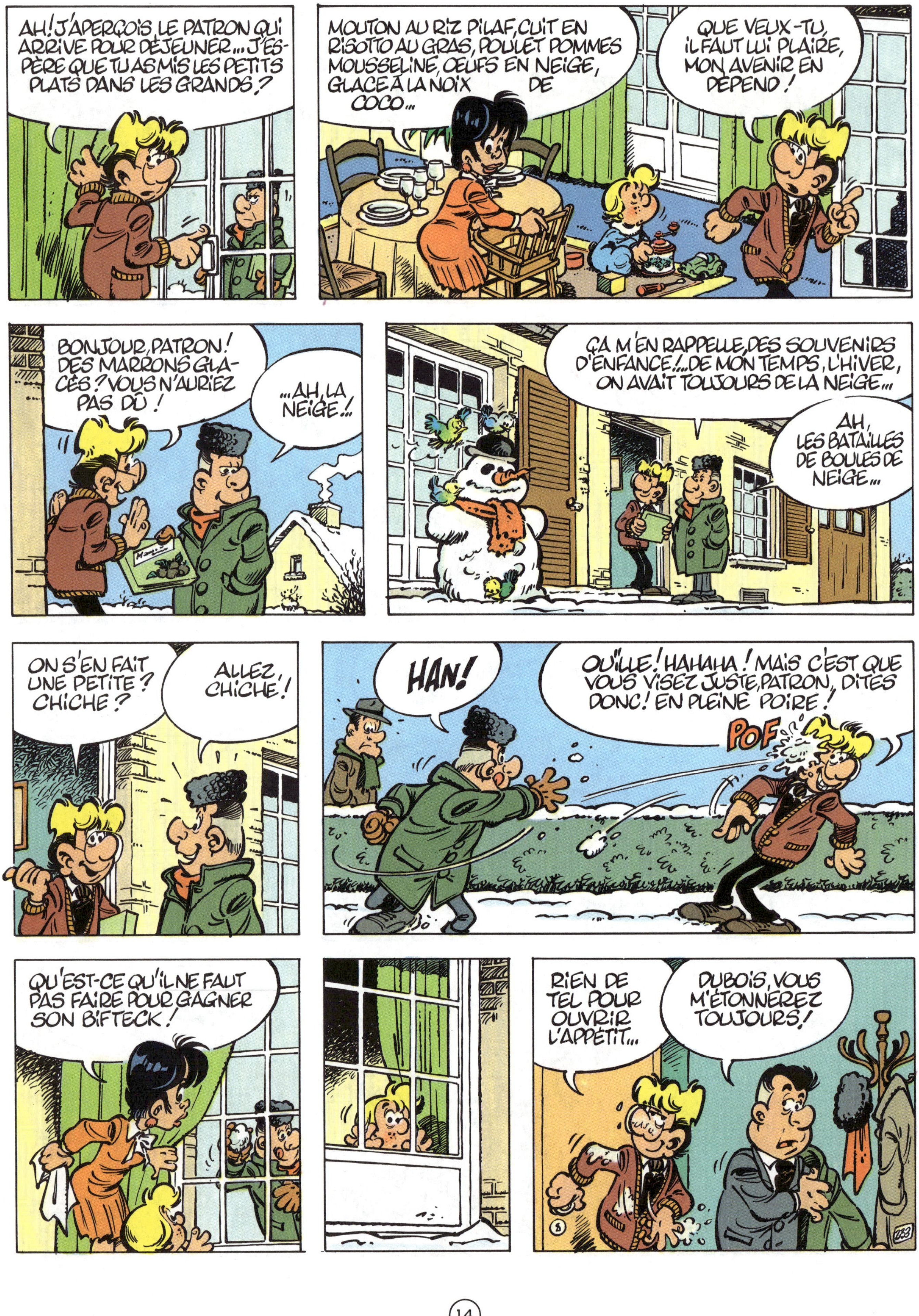

AH! J'APERÇOIS LE PATRON QUI ARRIVE POUR DÉJEUNER... J'ESPÈRE QUE TU AS MIS LES PETITS PLATS DANS LES GRANDS?
MOUTON AU RIZ PILAF, CUIT EN RISOTTO AU GRAS, POULET POMMES MOUSSELINE, OEUFS EN NEIGE, GLACE À LA NOIX DE COCO...
QUE VEUX-TU, IL FAUT LUI PLAIRE, MON AVENIR EN DÉPEND!
BONJOUR, PATRON! DES MARRONS GLACÉS? VOUS N'AURIEZ PAS DÛ!
...AH, LA NEIGE!...
ÇA M'EN RAPPELLE, DES SOUVENIRS D'ENFANCE!... DE MON TEMPS, L'HIVER, ON AVAIT TOUJOURS DE LA NEIGE...
AH, LES BATAILLES DE BOULES DE NEIGE...
ON S'EN FAIT UNE PETITE? CHICHE?
ALLEZ, CHICHE!
HAN!
OUILLE! HAHAHA! MAIS C'EST QUE VOUS VISEZ JUSTE, PATRON, DITES DONC! EN PLEINE POIRE!
POF
QU'EST-CE QU'IL NE FAUT PAS FAIRE POUR GAGNER SON BIFTECK!
RIEN DE TEL POUR OUVRIR L'APPÉTIT...
DUBOIS, VOUS M'ÉTONNEREZ TOUJOURS!

ET ÇA, C'EST MONSIEUR TOUPET. IL NE VOUS QUITTE PAS DES YEUX.. JE CROIS QUE VOUS LUI PLAISEZ...
ÇA M'ÉTONNE. D'HABITUDE, LES ENFANTS ME DÉTESTENT...
JE VAIS CHERCHER LE RESTE.
MOI, JE VAIS ME CHANGER PARCE QUE, HÉHÉ, VOUS VISEZ JUSTE, PATRON!
?
FIAK FIAK
PLOTCH
AAAAH!
DUBOIS! VOUS AVIEZ PRÉPARÉ VOTRE COUP! JE SUIS SÛR QUE C'EST UNE VENGEANCE PERSONNELLE!
SHPAF
VOYONS, PATRON! VOUS DEVRIEZ COMPRENDRE... POUR LUI, JE NE VOIS PAS OÙ EST LA DIFFÉRENCE!
IL M'A COLLÉ UN MARRON ET RÉCUPÉRÉ LES SIENS...
ET MAINTENANT, VOUS LA VOYEZ, LA DIFFÉRENCE?!
234
Bercteau Godard

# C'EST LE FONDU QUI MANQUE LE MOINS

ALLÔ, MADAME DUBOIS ?.. JE TE LE RAPPELLE, C'EST AUJOURD'HUI QUE TU DOIS CONDUIRE TOUPET CHEZ LE TOUBIB POUR LE FAIRE VACCINER...
LE SORTIR ?! PAR LE FROID QU'IL FAIT ? MAIS TU N'Y PENSES PAS ?
FAIS TON DEVOIR DE MÈRE ET C'EST TOUT !
BOIS-CHARBON
TE SORTIR PAR CE TEMPS-LÀ, MON PAUVRE CHÉRI ?
MAMAN VA BIEN COUVRIR TOUPET...
..POUR QUE TOUPET PUISSE AFFRONTER LES INTEMPÉRIES.
?
MADAME DUBOIS, QUELLE BONNE SURPRISE ! ET TOUPET, COMMENT VA-T-IL ?
ÇA NE SE VOIT PAS ?
EXCUSEZ-MOI, JE NE L'AVAIS PAS RECONNU...
PEUH !
VOUS SAVEZ CE QUE C'EST ! LES ENFANTS, ÇA CHANGE TELLEMENT VITE À CET ÂGE-LÀ...
C'EST ÇA. C'EST ÇA.

Dr LELAY-HANPOUDR
Pédiatre
ENTREZ DONC.
OH, LE PAUVRE !.. ÉLÉPHANTIASIS ?
ET TA SOEUR ?
ET TOUPET, IL EST OÙ ?
DANS SA CHEMISE !
MADAME DUB... MAIS VOUS ALLEZ LE FAIRE FONDRE !
HEIN ?
LE FAIRE FONDRE ?!
MAIS...
MAIS...
IL A FONDU !
ELLE A TOURNÉ DE L'OEIL !.. LE FONDU N'EST PAS CELUI QU'ON PENSE...
ALLONS ! REPRENEZ-VOUS ! JE VOULAIS DIRE, VOUS ALLEZ LUI FAIRE PERDRE DU POIDS !..
DRIIING
ALLÔ, DOCTEUR !.. JE SUIS INQUIET ! MA FEMME A DISPARU EN LAISSANT SON BÉBÉ TOUT NU ET EN EMPORTANT LA TOTALITÉ DE SA GARDE-ROBE... ! JE ME PERDS EN CONJECTURES !..
PLOP
PLOP
236

# COUP D'BOULE DE NEIGE

DUBOIS! J'AI LU VOTRE MÉMO SUR L'AFFAIRE LAMBERT! BOURRÉ D'ERREURS! NUL! VOUS AVEZ ESSAYÉ DE VOUS DÉBARRASSER DE LA CORVÉE! JE PRÉFÈRE ME CHARGER DU BOULOT!
TU AS L'AIR ÉPUISÉ, MONSIEUR DUBOIS! QU'EST-CE QUI SE PASSE?
J'AI ENCORE EU UNE ALTERCATION AVEC LE PATRON! MAIS CETTE FOIS, JE N'AI PAS PU M'EMPÊCHER DE LUI DIRE CE QUE JE PENSE! NON, MAIS!
N'Y PENSE PLUS!... TIENS, PUISQUE TU RENTRES DE BONNE HEURE, TU DEVRAIS FAIRE LE BONHOMME DE NEIGE À TOUPET...
DEPUIS LE TEMPS QUE TU LUI PROMETS!
ÇA TE DÉTENDRA.
J'AI PAS BESOIN DE ME DÉTENDRE!
BOOF
D'ACCORD! PAPA VA FAIRE UN BONHOMME DE NEIGE POUR TOUPET ET TOUPET VA ARRÊTER DE LE RÉCLAMER, SANS BLAGUE!
C'EST VRAI ÇA, TOUT DE MÊME!
ENFIN!
ALORS? IL EST PAS BEAU, MON BONHOMME DE NEIGE?
Nan!

C'EST VRAI ! IL EST NUL ! TU AS ESSAYÉ DE TE DÉBARRASSER DE LA CORVÉE !
JE PRÉFÈRE ME CHARGER DU BOULOT !
C'EST UNE AFFIRMATION CALOMNIEUSE ! UN MOT DE PLUS ET JE TE FLANQUE MA DÉMISSION !
PERSONNE DANS LA BOÎTE NE SAIT FAIRE LES BONSHOMMES DE NEIGE MIEUX QUE MOI !
NON MAIS, SANS BLAGUE.
PIAF
CHPOF
RRRAAH !
NUL, MON BONHOMME DE NEIGE ?
ET PUIS QUOI ENCORE !
IIIIIIK
?
PIOF !
DUBOIS !.. J'AI RÉFLÉCHI... JE CROIS QUE JE ME SUIS LAISSÉ EMPORTER... ET JE VOUS RAPPORTE LE...
... QUELQUE CHOSE ME DIT QUE VOUS M'EN VOULEZ UN PEU...
??
QU'EST-CE QUI VOUS FAIT DIRE ÇA ?!
TÔ !
238

# LE TRAIN NE SIFFLERA PAS

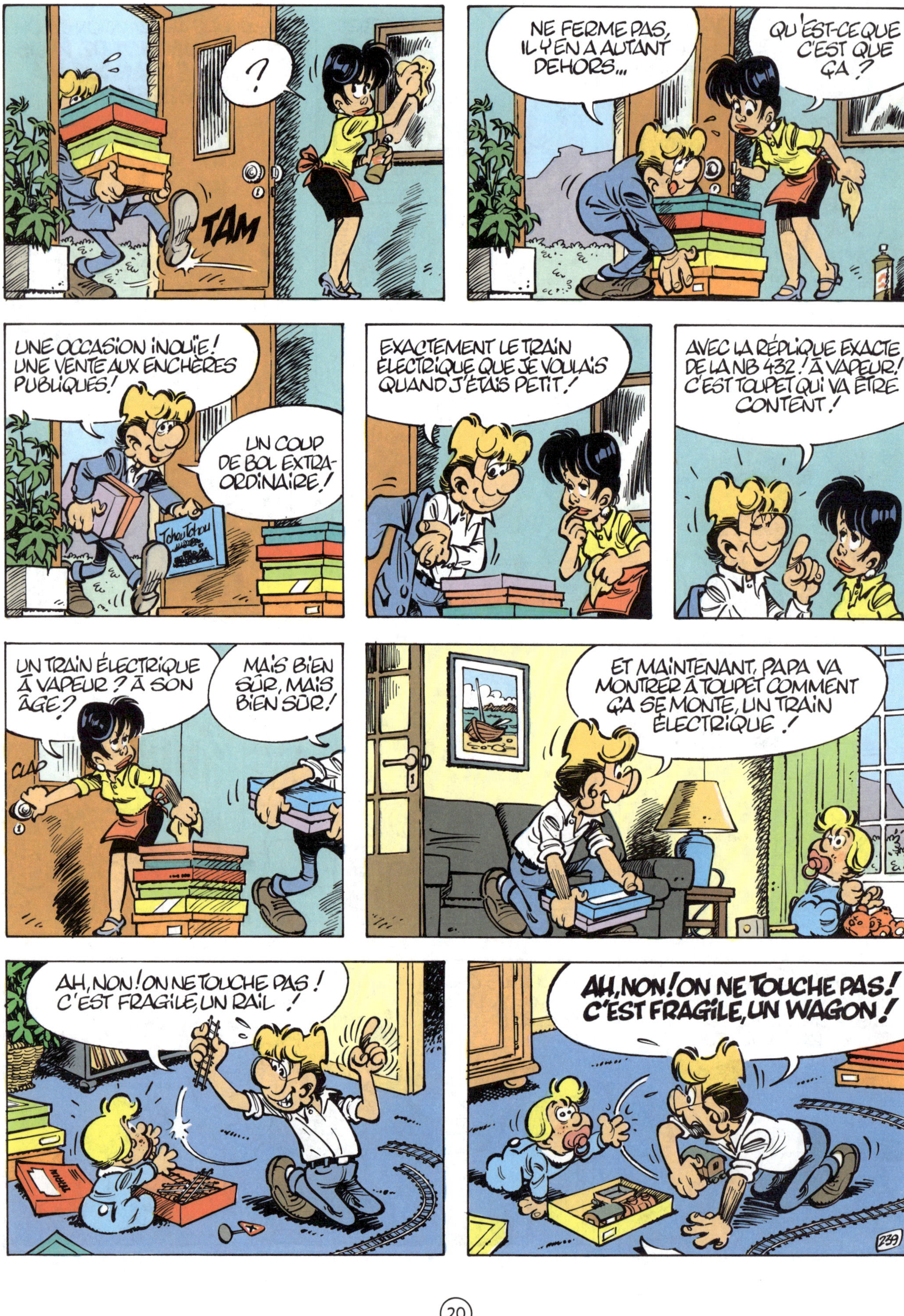

?
TAM
NE FERME PAS, IL Y EN A AUTANT DEHORS...
QU'EST-CE QUE C'EST QUE ÇA ?
UNE OCCASION INOUÏE ! UNE VENTE AUX ENCHÈRES PUBLIQUES !
UN COUP DE BOL EXTRA-ORDINAIRE !
Tchou Tchou
EXACTEMENT LE TRAIN ÉLECTRIQUE QUE JE VOULAIS QUAND J'ÉTAIS PETIT !
AVEC LA RÉPLIQUE EXACTE DE LA NB 432 ! À VAPEUR ! C'EST TOUPET QUI VA ÊTRE CONTENT !
UN TRAIN ÉLECTRIQUE À VAPEUR ? À SON ÂGE ?
MAIS BIEN SÛR, MAIS BIEN SÛR !
CLAP
ET MAINTENANT, PAPA VA MONTRER À TOUPET COMMENT ÇA SE MONTE, UN TRAIN ÉLECTRIQUE !
AH, NON ! ON NE TOUCHE PAS ! C'EST FRAGILE, UN RAIL !
AH, NON ! ON NE TOUCHE PAS ! C'EST FRAGILE, UN WAGON !
239

NAAON! ON NE TOUCHE PAS! C'EST FRAGILE, UNE LOCOMOTIVE!
QUELQUES "ON NE TOUCHE PAS" PLUS TARD.
MADAME DUBOIS! TU VIENS VOIR ?.. GRAND MOMENT, JE DONNE LE SIGNAL DU DÉPART...
ROMTOUPTOUP
ROMTOUPTOUP
HÉHÉ ! DEPUIS LE TEMPS QUE J'ATTENDAIS ÇA !
ROMTOUPTOUP
ROMTOUPTOUP
KRAK
ROMTOUPT.
RRAAAAAAH!
DOCTEUR, C'EST GRAVE! MON MARI HAIT SON PROPRE FILS !
JE LE HAIS! JE LE HAIS! JE LE HAIS!
Dr Jonathan TONTOUR Psychiatre diplômé
IL A CASSÉ MON TRAIN ÉLECTRIQUE !
OH, LE PETIT SALIGAUD !
?
TOK

# GUINESS IS GOOD FOR YOU

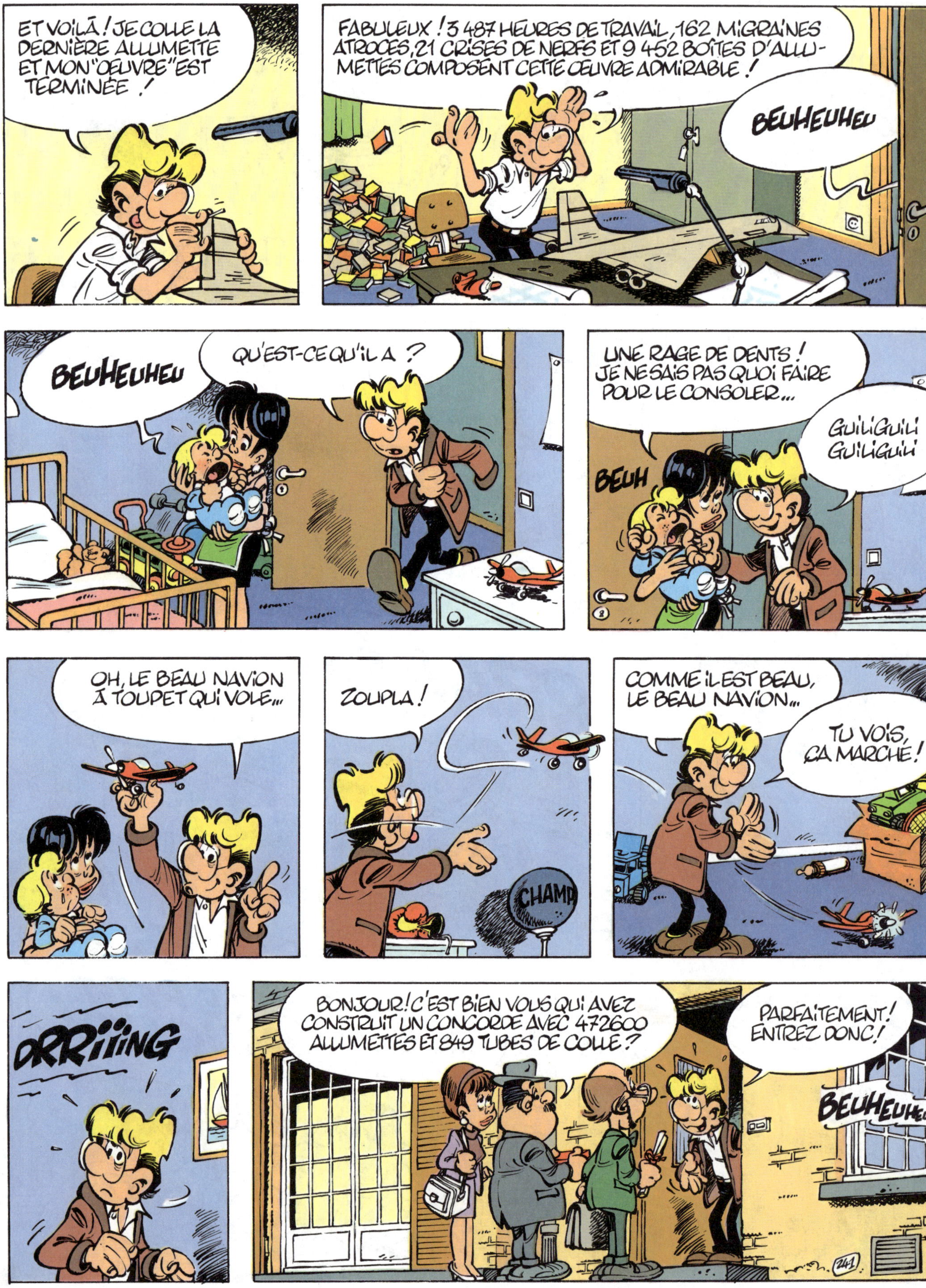
ET VOILÀ! JE COLLE LA DERNIÈRE ALLUMETTE ET MON "ŒUVRE" EST TERMINÉE!
FABULEUX! 3 487 HEURES DE TRAVAIL, 162 MIGRAINES ATROCES, 21 CRISES DE NERFS ET 9 452 BOÎTES D'ALLUMETTES COMPOSENT CETTE ŒUVRE ADMIRABLE!
BEUHEUHEU
BEUHEUHEU
QU'EST-CE QU'IL A?
UNE RAGE DE DENTS! JE NE SAIS PAS QUOI FAIRE POUR LE CONSOLER...
BEUH
GUILIGUILI GUILIGUILI
OH, LE BEAU NAVION À TOUPET QUI VOLE...
ZOUPLA!
CHAMP
COMME IL EST BEAU, LE BEAU NAVION...
TU VOIS, ÇA MARCHE!
DRRIIING
BONJOUR! C'EST BIEN VOUS QUI AVEZ CONSTRUIT UN CONCORDE AVEC 472600 ALLUMETTES ET 849 TUBES DE COLLE?
PARFAITEMENT! ENTREZ DONC!
BEUHEUHEU

CHÉRIE ! CE SONT CES MESSIEURS-DAMES DE L'ACADÉMIE QUI VIENNENT POUR ME DÉCERNER UN DIPLÔME...
JE VAIS FIGURER DANS LE LIVRE DES RECORDS !
ALLONS, NE PLEURE PAS...
EXCUSEZ MA FEMME...
BEUHEU
C'EST TOUPET QUI A MAL AUX DENTS...
BEUHEU
OH, LE BEAU NAVION QUE PAPA IL A FAIT POUR TOUPET...
ELLE ESSAIE DE LE DISTRAIRE EN FAISANT VOLER LE...
HEIN ?
NAOON ! PAS CELUI-LÀ !
?!
CRASH
BEUHEUHEU
MADAME DUBOIS ! EN VERTU DES POUVOIRS QUI NOUS SONT CONFÉRÉS, NOUS AVONS L'HONNEUR DE VOUS DÉLIVRER UN DIPLÔME DE...
...PILOTE D'ESSAI !
JE SAVAIS BIEN QUE JE BATTRAIS UN RECORD AVANT TOI !
KRAK
KRAK
KRAK

# GRAND ÉCART DE LANGAGE

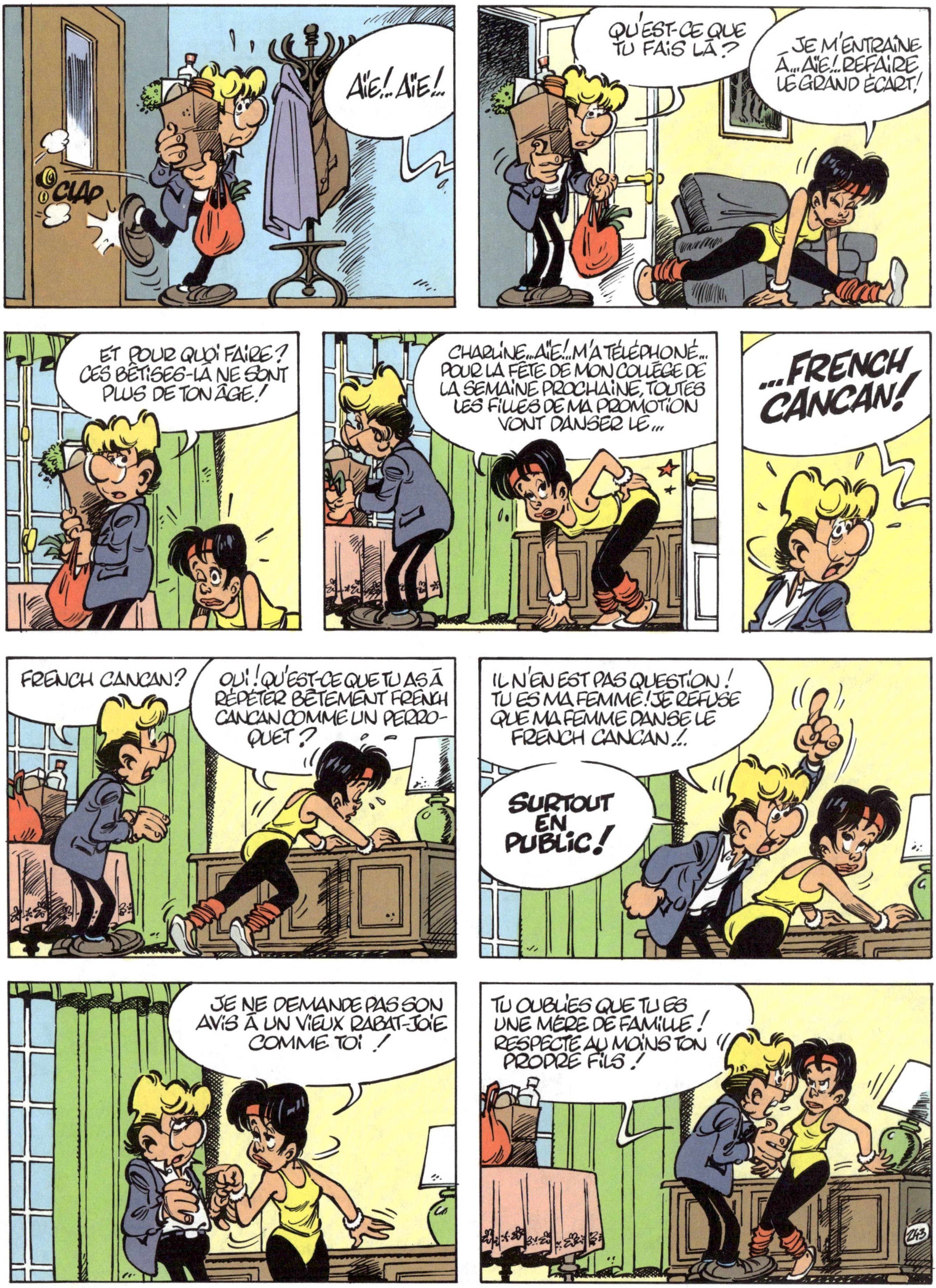
CLAP
AÏE!.. AÏE!..
QU'EST-CE QUE TU FAIS LÀ?
...JE M'ENTRAINE À... AÏE!.. REFAIRE LE GRAND ÉCART!
ET POUR QUOI FAIRE? CES BÊTISES-LÀ NE SONT PLUS DE TON ÂGE!
CHARLINE... AÏE!.. M'A TÉLÉPHONÉ... POUR LA FÊTE DE MON COLLÈGE DE LA SEMAINE PROCHAINE, TOUTES LES FILLES DE MA PROMOTION VONT DANSER LE...
...FRENCH CANCAN!
FRENCH CANCAN?
OUI! QU'EST-CE QUE TU AS À RÉPÉTER BÊTEMENT FRENCH CANCAN COMME UN PERROQUET?
IL N'EN EST PAS QUESTION! TU ES MA FEMME! JE REFUSE QUE MA FEMME DANSE LE FRENCH CANCAN!..
SURTOUT EN PUBLIC!
JE NE DEMANDE PAS SON AVIS À UN VIEUX RABAT-JOIE COMME TOI!
TU OUBLIES QUE TU ES UNE MÈRE DE FAMILLE! RESPECTE AU MOINS TON PROPRE FILS!
243

MON FILS SERA FIER DE SA MÈRE QUAND IL LA VERRA FAIRE LE GRAND ÉCART !
TU ES DEVENUE FOLLE, MA PAROLE ! DEVANT TOUS MES AMIS ! ET MA CARRIÈRE ? TU Y AS PENSÉ À MA CARRIÈRE ?
JE M'EN BATS L'OEIL DE TA CARRIÈRE !
MOI VIVANT, TU NE FERAS PAS LE GRAND ÉCART !
PLUTÔT MOURIR QUE D'Y RENONCER !
SI BIEN QUE, AU JOUR DIT...
BOUHOUHOU...
ALLONS, NE PLEURE PLUS, J'ABANDONNE !.. TU TIENS TOUJOURS À Y ALLER ?
J'Y TIENS !
VIENS ! METS TA CAPE, JE T'ACCOMPAGNE !
ÉVIDEMMENT !
DÉPÊCHE-TOI, ON VA ÊTRE EN RETARD !
SI JE VAIS TROP VITE, TOUPET VA AVOIR MAL AU COEUR !
CHARLINE ? EST-CE QUE JE PEUX DANSER AVEC MON MARI ?
DANSER AVEC... ? MAIS POURQUOI ÇA ?
SUR UN COUP DE COLÈRE, IL M'A PASSÉ DES MENOTTES, ET CET IMBÉCILE A ...
...PERDU LES CLEFS !
POUR DANSER, ÇA VA. MAIS POUR SAUTER, JE ME DEMANDE... SURTOUT À CAUSE DU PETIT !
?
Goddard

LE TUEUR AU MARTEAU

MONSIEUR DUBOIS ? UN PLI RECOMMANDÉ POUR VOUS...
SIGNEZ ICI !
OUAÏE !
!
GNNHGNNHGNNHGNNH
VRAIMENT, JE SUIS DÉSOLÉ, JE N'AVAIS PAS VU QUE...
CEPENDANT...
Ragots Soir
Le tueur au marteau a encore frappé !
la population réclame des mesures !
la Police impuissante
STOP !
TON PORTEFEUILLE ! OU J'T'ÉCRASE LA BOÎTE CRÂNIENNE EN DEUX COUPS LES GROS !
TONG
ET PLUS VITE QUE ÇA !
245

BISCUITE
HALTE!
HELP!
POLIIICE!
BODOM BODOM BODOM
LA MAISON EST CERNÉE, RENDEZ-VOUS!
CAPITAINE, ON A RETROUVÉ L'ARME DU CRIME!
LA DÉLINQUANCE JUVÉNILE FAIT DES PROGRÈS TOUS LES JOURS!
¡ QUELLE ÉDUCATION! JE NE VOUS FÉLICITE PAS!
246

# CE VIEIL ALPHONSE

ATTENDS VOIR... IL ME SEMBLE QUE...
TU NE SERAIS PAS...?
ROBERT! ALPHONSE!
DANS MES BRAS, VIEUX FRÈRE !
COMME ÇA ME FAIT PLAISIR DE TE REVOIR! ÇA FAIT SI LONGTEMPS!... SI LONGTEMPS!...
POF POF
POF POF
LA MAISON EST À DEUX PAS... VIENS PRENDRE UN VERRE, QUE JE TE PRÉSENTE À MA FEMME...
AH, QUE JE SUIS HEUREUX !
MADAME DUBOIS! TU NE SAIS PAS QUOI ? J'AI RETROUVÉ PAR HASARD MON MEILLEUR AMI DU TEMPS DU COLLÈGE...
'CHANTÉ.
DE MÊME.
AAAH! TU TE SOUVIENS, ALPHONSE ?
SI JE ME SOUVIENS! TU PARLES SI JE ME SOUVIENS!
AU COLLÈGE, ON NOUS APPELAIT LES FRÈRES SIAMOIS !
ON NE FAISAIT RIEN L'UN SANS L'AUTRE! LES COUPS QU'ON A FAITS ENSEMBLE!
AH, QUE JE SUIS HEUREUX !

ET LE GRAND SIGISMOND ! TU TE SOUVIENS DU GRAND SIGISMOND ? ET DE LA GRENOUILLE DANS SON SANDWICH ?
AH, QUE JE SUIS HEUREUX !
QU'EST-CE QU'ON A RI !
ET LA PETITE BALBINE ?
LA PAUVRE NOUILLE !
ET LE GROS NESTOR ?
IL EST PARTI AUX STATES !
ET TYPHAINE ?
IL EST MORT !
QU'EST-CE QU'ON A RI !
ET AGATHE ? TU L'AS REVUE, LA BELLE AGATHE ?
JAMAIS !
OUI, PARCE QU'IL LA FRÉQUENTAIT, AGATHE ! ET QUAND ELLE M'A VU, ELLE EST TOMBÉE AMOUREUSE DE MOI, C'EST NORMAL, ET ELLE A ROMPU AVEC LUI...
C'EST À CAUSE DE TOI QU'AGATHE A ROMPU AVEC MOI ?
COMMENT ? TU... TU NE LE SAVAIS PAS ?
OUPS !
CRAPULE !
POK
LA FEMME DE MA VIE ! J'AI MIS TROIS ANS À M'EN REMETTRE !
ET ESTIME-TOI HEUREUX QUE JE NE TE POCHE PAS L'AUTRE !
ET MAINTENANT, PARLONS UN PEU DE CETTE AGATHE !
NE... NE FAIS PAS L'ANDOUILLE, TU VAS BLESSER LE PETIT !
248

# DÉSORIENTATION PROFESSIONNELLE

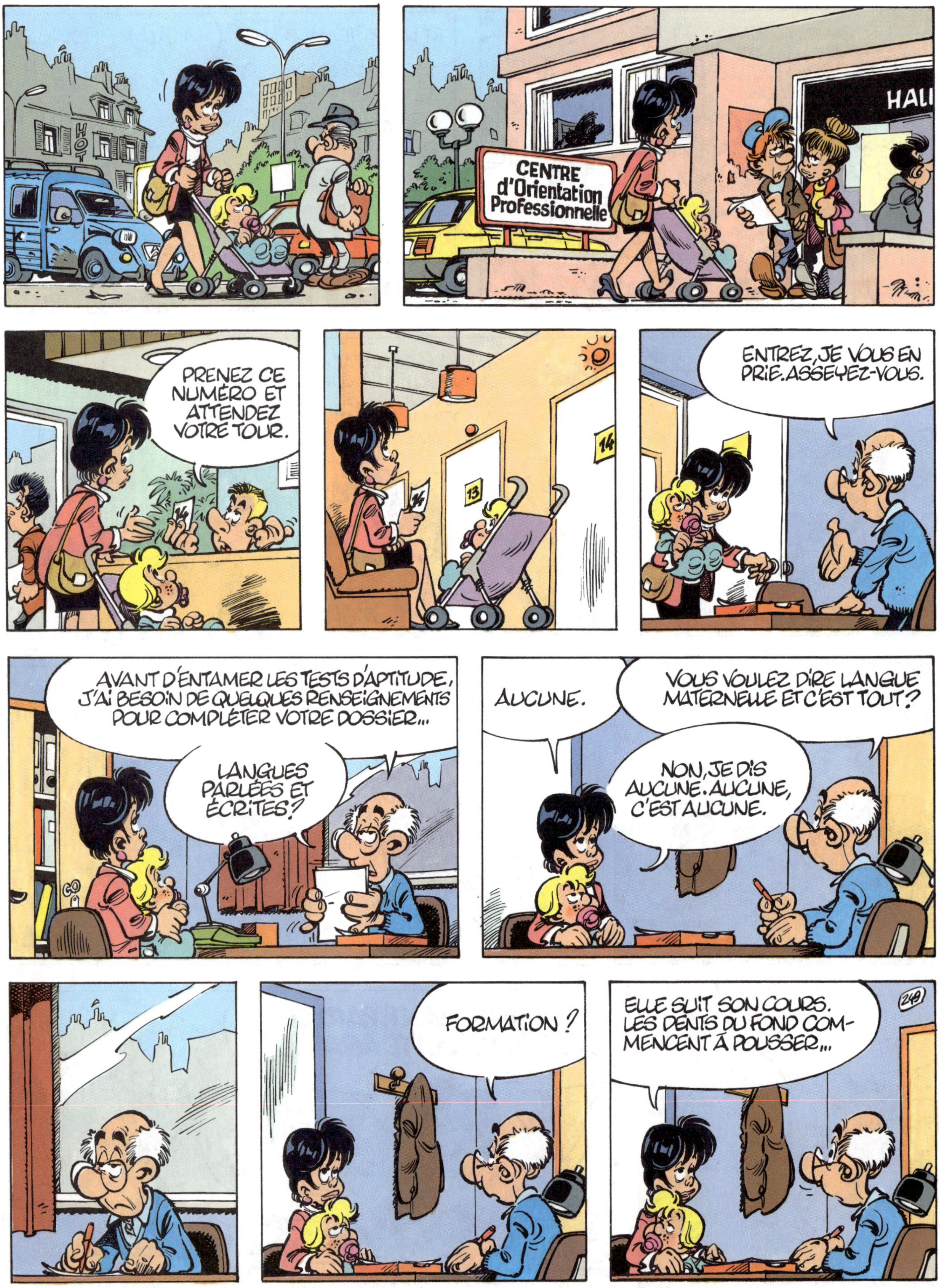
CENTRE
d'Orientation
Professionnelle
PRENEZ CE NUMÉRO ET ATTENDEZ VOTRE TOUR.
ENTREZ, JE VOUS EN PRIE. ASSEYEZ-VOUS.
AVANT D'ENTAMER LES TESTS D'APTITUDE, J'AI BESOIN DE QUELQUES RENSEIGNEMENTS POUR COMPLÉTER VOTRE DOSSIER...
LANGUES PARLÉES ET ÉCRITES ?
AUCUNE.
VOUS VOULEZ DIRE LANGUE MATERNELLE ET C'EST TOUT ?
NON, JE DIS AUCUNE. AUCUNE, C'EST AUCUNE.
FORMATION ?
ELLE SUIT SON COURS. LES DENTS DU FOND COMMENCENT À POUSSER...

EXAMENS ? DIPLÔMES ? CONCOURS ?
CONCOURS DE BEAUTÉ DE LA MAIRIE DU QUARTIER... DEUXIÈME ACCESSIT AVEC MENTION "TRÈS DODU".
LOISIRS ?
MARTEAU.
BÉ, OUI. IL PASSE SON TEMPS À TAPER AVEC SON MARTEAU. DEPUIS TOUJOURS, C'EST COMME ÇA.
IL ?
QUI ÇA, IL ?
LUI ! MON BÉBÉ !
... VOUS VOULEZ DIRE QUE VOUS ÊTES VENUE POUR FAIRE PASSER DES TESTS D'ORIENTATION PROFESSIONNELLE À CE BÉBÉ-LÀ ?
MON MARI DIT QUE, DE NOS JOURS, PLUS ON S'Y PREND TÔT, MIEUX ÇA VAUT !
MHUMPFFF
FLP
ALORS ?.. ILS PRÉCONISENT QUOI POUR PLUS TARD ?
CRAC
CASSE-NOIX !
CRAC

# LA VIEILLE TOUPIE

JE VAIS T'APPRENDRE UN JEU TRÈS RIGOLO, TOUPET... CECI S'APPELLE UNE TOUPIE...
DRRING
CHÉRI, J'AI LÀ UN REPRÉSENTANT DE L'A.E.E.A, L'ASSOCIATION DES ENNEMIS DES ENNEMIS DES ANIMAUX, UNE BRANCHE DE LA S.P.A. À CE QUI SEMBLERAIT...
IL DIT QUE TU SERAIS UN SYMPATHISANT?
BEN, OUI POURQUOI?
SI JE SUIS CONTRE LES BOURREAUX DES ANIMAUX? ET COMMENT, CHER MONSIEUR!
SI JE SUIS D'ACCORD POUR PARTICIPER À UNE EXPÉDITION PUNITIVE CONTRE L'UN D'EUX? PLUTÔT DEUX FOIS QU'UNE!
VENEZ ME CHERCHER QUAND VOUS VOULEZ! À N'IMPORTE QUELLE HEURE DU JOUR OU DE LA NUIT!
JE SUIS PARTANT!
JE L'AI TOUJOURS DIT! LES BOURREAUX NE CONNAISSENT QU'UN SEUL LANGAGE, CELUI DE LA FORCE!
LA FORCE!
C'EST VRAI, SANS BLAGUE!
TING
BON! JE DISAIS, JE VAIS TE MONTRER COMMENT ON JOUE AVEC UNE TOUPIE...
C'EST UN JEU QUI A FAIT LES DÉLICES DE MON ENFANCE...
251

TU VOIS, IL FAUT EN-ROULER LE FIL AUTOUR DE LA TOUPIE...
... LANCER LA TOUPIE...
ET FRAPPER LA TOUPIE AVEC LE FOUET POUR LA FAIRE TOURNER...
FLAK
OUAH OUAH OUAH
Help! A.E.E.A
OUAH OUAH
OUAH OUAH
IL Y A QUELQUE CHOSE QUI M'ÉCHAPPE... C'EST UNE ASSOCIATION DE QUOI?
PIF PAF BONG OUÏE!
... DE PROTECTION DES VIEILLES TOUPIES?
TOUPIE OR NOT TOUPIE, THAT IS THE QUESTION!

## LES PAPYS SONT PARMI NOUS

?
QU'EST-CE QUE C'EST QUE ÇA ?
ÇA ?
OUI, ÇA !
DES VALISES.
JE LE VOIS BIEN QUE CE SONT DES VALISES... À QUI ELLES SONT, CES VALISES ?
À PAPOUNET !
HEIN ?! ET QU'EST-CE QU'ELLES FONT LÀ, LES VALISES À PAPOUNET ?
PAPOUNET A DÉCIDÉ DE VENIR PASSER UNE QUINZAINE DE JOURS AVEC NOUS POUR NOUS FAIRE PLAISIR !
PLAISIR ? MAIS IL A UN VRAI CARACTÈRE DE COCHON, TON GRAND-PÈRE !
CHUUT ! NE DIS SURTOUT PAS QU'IL A UN CARACTÈRE DE COCHON, TU VAS LE METTRE EN COLÈRE !
MAIS IL NE S'ENTEND AVEC PERSONNE, TON GRAND-PÈRE... IL PASSE SON TEMPS À HURLER CONTRE TOUT LE MONDE ET À DONNER DES COUPS DE PIED À TOUS CEUX QUI PASSENT À SA PORTÉE...
OH, TOI, TU EXAGÈRES TOUJOURS !
AH OUI ?.. ET POURQUOI ELLE PORTAIT DES PROTÈGE-TIBIAS, TA GRAND-MÈRE ?
253

TIENS, JE PRÉFÈRE NE PAS TE RÉPONDRE, TIENS !
MAIS LA DERNIÈRE FOIS QU'IL EST VENU DÎNER, IL M'A CASSÉ SA CANNE SUR LE DOS PARCE QUE J'AVAIS OUBLIÉ DE LUI RESSERVIR DE LA CRÈME CARAMEL...
C'EST VRAI QU'ELLE EST RUDEMENT BONNE, MA CRÈME CARAMEL...
MAIS... MAIS... MAIS... MAIS...
MAIS QUOI ?
MAIS IL DÉTESTE LES ENFANTS, TON GRAND-PÈRE !
OUI. ET ALORS ?
ET TOUPET ? TU Y AS PENSÉ À TOUPET ?
ÇA LUI FERA UN PETIT CAMARADE DE JEU !
QU'EST-CE QUE TU VEUX PARIER QUE CE VIEUX SCHNOCK A DÉJÀ ENGAGÉ UN DUEL À MORT AVEC TOUPET POUR PRENDRE POSSESSION DE SA CRÈME CARAMEL ?
PARI TENU !
VIENS !
ET ÇA ALORS, QU'EST-CE QUE C'EST ?
!
POUR LA REINE, LA CRÈME, ET LA REINE DES CRÊMES !
Nan !
254

# UN PNEU, BEAUCOUP, PASSIONNÉMENT...

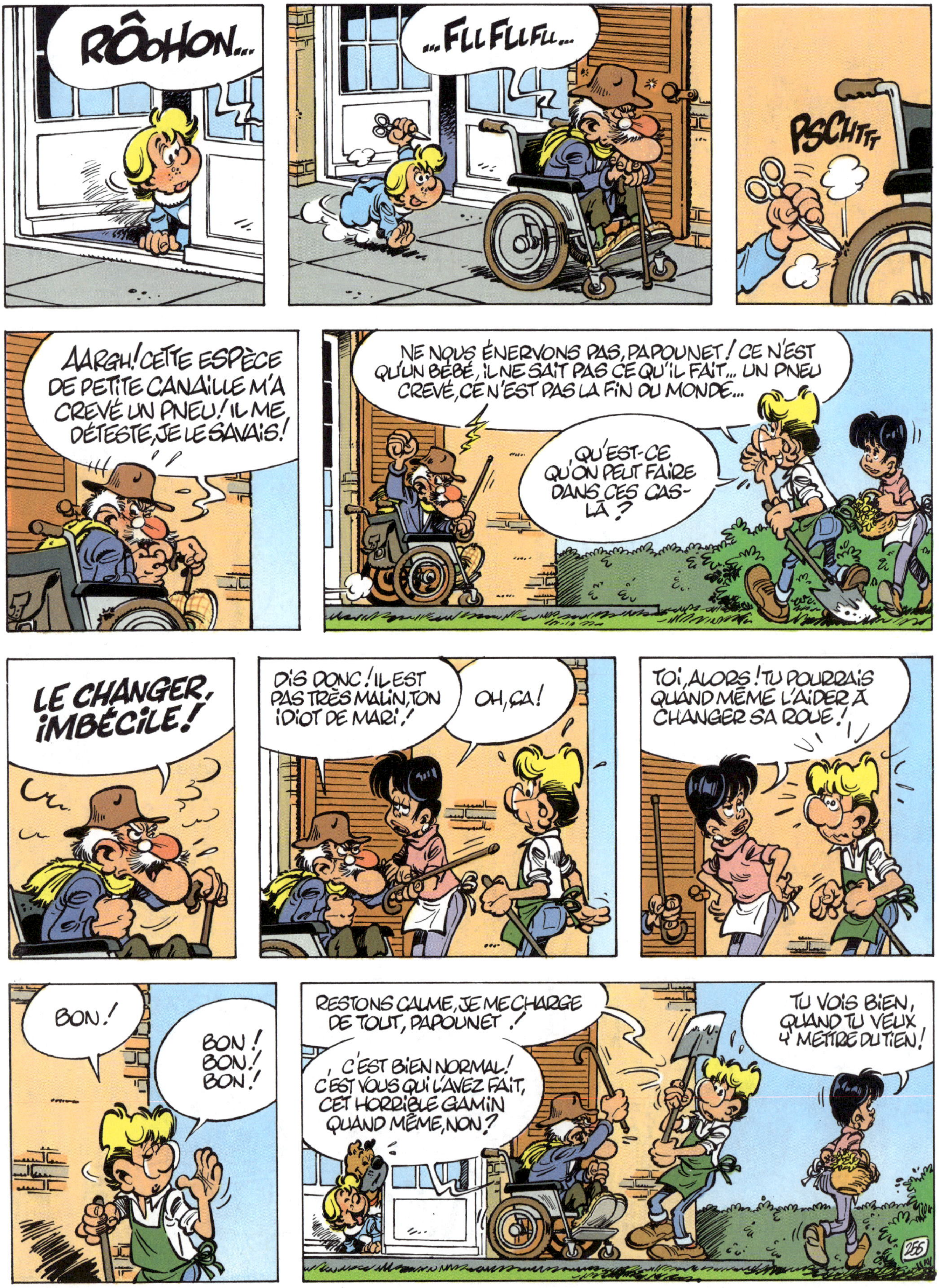
RÔOHON...
...FLLFLLFLL...
PSCHTTT
AARGH! CETTE ESPÈCE DE PETITE CANAILLE M'A CREVÉ UN PNEU! IL ME DÉTESTE, JE LE SAVAIS!
NE NOUS ÉNERVONS PAS, PAPOUNET! CE N'EST QU'UN BÉBÉ, IL NE SAIT PAS CE QU'IL FAIT... UN PNEU CREVÉ, CE N'EST PAS LA FIN DU MONDE...
QU'EST-CE QU'ON PEUT FAIRE DANS CES CAS-LÀ?
LE CHANGER, ¡MBÉCILE!
DIS DONC! IL EST PAS TRÈS MALIN, TON ¡DIOT DE MARI!
OH, ÇA!
TOI, ALORS! TU POURRAIS QUAND MÊME L'AIDER À CHANGER SA ROUE!
BON!
BON! BON! BON!
RESTONS CALME, JE ME CHARGE DE TOUT, PAPOUNET!
C'EST BIEN NORMAL! C'EST VOUS QUI L'AVEZ FAIT, CET HORRIBLE GAMIN QUAND MÊME, NON?
TU VOIS BIEN, QUAND TU VEUX Y METTRE DU TIEN!
255

TOUT D'ABORD, DÉMONTER LA ROUE...
...PUIS CALER LE FAUTEUIL...
...ENSUITE, SORTIR LA CHAMBRE À AIR...
... CHERCHER LA FUITE DANS UNE BASSINE D'EAU...
...BIEN ARASER LE CAOUTCHOUC...
...COLLER LA RUSTINE...
...REMETTRE LA CHAMBRE À AIR DANS LE PNEU...
...REMONTER LE PNEU SUR LA ROUE...
...REFIXER LA ROUE SUR LE FAUTEUIL. REGONFLER LE PNEU...
ÇA Y EST, PAPOUNET ! VOUS REVOILÀ AVEC VOS ROUES DE VINGT ANS !
?
?
?
VOUS AVEZ MIS TELLEMENT DE TEMPS, MON PAUVRE VIEUX, QUE TOUT COMPTE FAIT ...
JE PRÉFÈRE ALLER ME DÉGOURDIR LES JAMBES !

# LA CANNE À PÊCHE À PAPY

ZON
ZIII
RHAAA!
LÀ!
Y A UN CHIEN VAGABOND DANS LE JARDIN!
?
?
HEIN?
OÙ ÇA?
OÙ ÇA?
MAIS NON, PAPOUNET, VOYONS! CE N'EST PAS UN CHIEN VAGABOND! C'EST BINETTE! BI-NETTE!
TOK
YAOU!
J'AI ENCORE LA PÊCHE. JE L'AI EU! JE L'AI EU! JE L'AI EU!
MALHEUR! QU'EST-CE QUE VOUS AVEZ FAIT?!
VOUS AVEZ BIEN RAISON. CES SALES BÊTES, ÇA NE PROVOQUE QUE DES MÉFAITS!
SI QUELQUE CHOSE ARRIVE À BINETTE, JE NE ME LE PARDONNERAI JAMAIS!
ET TOUPET EST CAPABLE DE NE PAS S'EN REMETTRE!
POF POF
LE VÉTÉRINAIRE, VITE!
OUIIIIN
JE M'EN CHARGE!
C'EST ÇA! À LA DÉCHARGE!
259

VROOM
ALORS, DOCTEUR ?
NON, CE NE SERA RIEN... UN LÉGER TRAUMATISME... C'EST QUE ÇA A LE CRÂNE SOLIDE, CES PETITES CHOSES-LÀ !
SNF
LE PROBLÈME, C'EST QUE JE NE PEUX MÊME PAS FAIRE LA LEÇON AU VIEUX SCHNOCK ! IL EST SOURD ET EN PLUS, IL OUBLIE TOUT.
ET COMME ELLE NE PEUT POSITIVEMENT PAS SE PASSER DE TOUPET, LE VIEUX SCHNOCK VA RECOMMENCER, C'EST SÛR !
JE NE VOIS QU'UNE SOLUTION. ÉQUIPEZ-LA !
PLAÎT-IL ?
HÉ... MAIS OUI, C'EST UNE IDÉE, ÇA !
ÇA Y EST, ON EST ARRIVÉS ! ALLEZ VA, TU PEUX RENTRER À LA MAISON !
DITES, VOISIN, UNE QUESTION...
VOUS COMPTEZ RÉELLEMENT APPRENDRE LE FOOTBALL AMÉRICAIN À MA CHIENNE ?
LAISSEZ TOMBER, VOUS NE POUVEZ PAS COMPRENDRE !
21
260

# UN PLAN D'ENFER

DIS, MON PETIT CONSTANT! J'AI VÉRIFIÉ TON PLAN DE L'USINE DE RETRAITEMENT... SUPER! RESTE PLUS QU'À FIGNOLER, LÀ!
J'EN AI POUR QUELQUES HEURES...
TIENS! TU AS UN GRAIN DE BEAUTÉ SOUS LE LOBE DE L'OREILLE DROITE, TOI?
OUI, POURQUOI?
POUR RIEN, POUR RIEN...
DIS DONC, MADAME DUBOIS!.. UNE QUESTION COMME ÇA, EN PASSANT...
TOUPET, IL A BIEN UN GRAIN DE BEAUTÉ SOUS LE LOBE DE L'OREILLE DROITE?
JE L'EMBRASSE TOUS LES JOURS, POURQUOI?
PLAYGIRL
OÙ EST-CE QU'IL EST, CE PETIT SAGOUIN?
QUÉ... HEIN? DANS SA CHAMBRE, BIEN ENTENDU...
TU LE DÉSHABILLES?.. QU'EST-CE QUI TE PREND?
T'OCCUPE!
LÀ! UNE TACHE DE VIN SUR SON MOLLET GAUCHE!
BEN OUI? BEN QUOI?.. QU'EST-CE QUI TE PREND?
261

TIP TIP
DRING
ALLÔ, CONSTANT ?
SALUT, DUDU ! SI C'EST À PROPOS DU PLAN DE L'USINE DE RETRAITEMENT, JE...
LA FERME ! REGARDE TON MOLLET GAUCHE, C'EST UN ORDRE !
HEIN ?
NE DISCUTE PAS ! IL N'Y AURAIT PAS UNE TACHE DE VIN SUR TON MOLLET GAUCHE, DES FOIS ?
HEU... JE CROIS QUE OUI... POURQUOI ?
KLOK
CETTE NUIT-LÀ...
Good Night
TIC TAC TIC TAC
CONSTANT ! TON PLAN DE L'USINE, IL EST...
...DÉGUEULAAAASSE...
BAM
PIF
PAF
PATRON, JE N'AI QU'UN MOT À DIRE :
C'EST MOI OU LUI ?!
DUBOIS ! VOUS ÊTES MALADE ? VOTRE MEILLEUR AMI ? QUE VA DIRE VOTRE FEMME ?
262

# SILENCE, ON TOURNE!

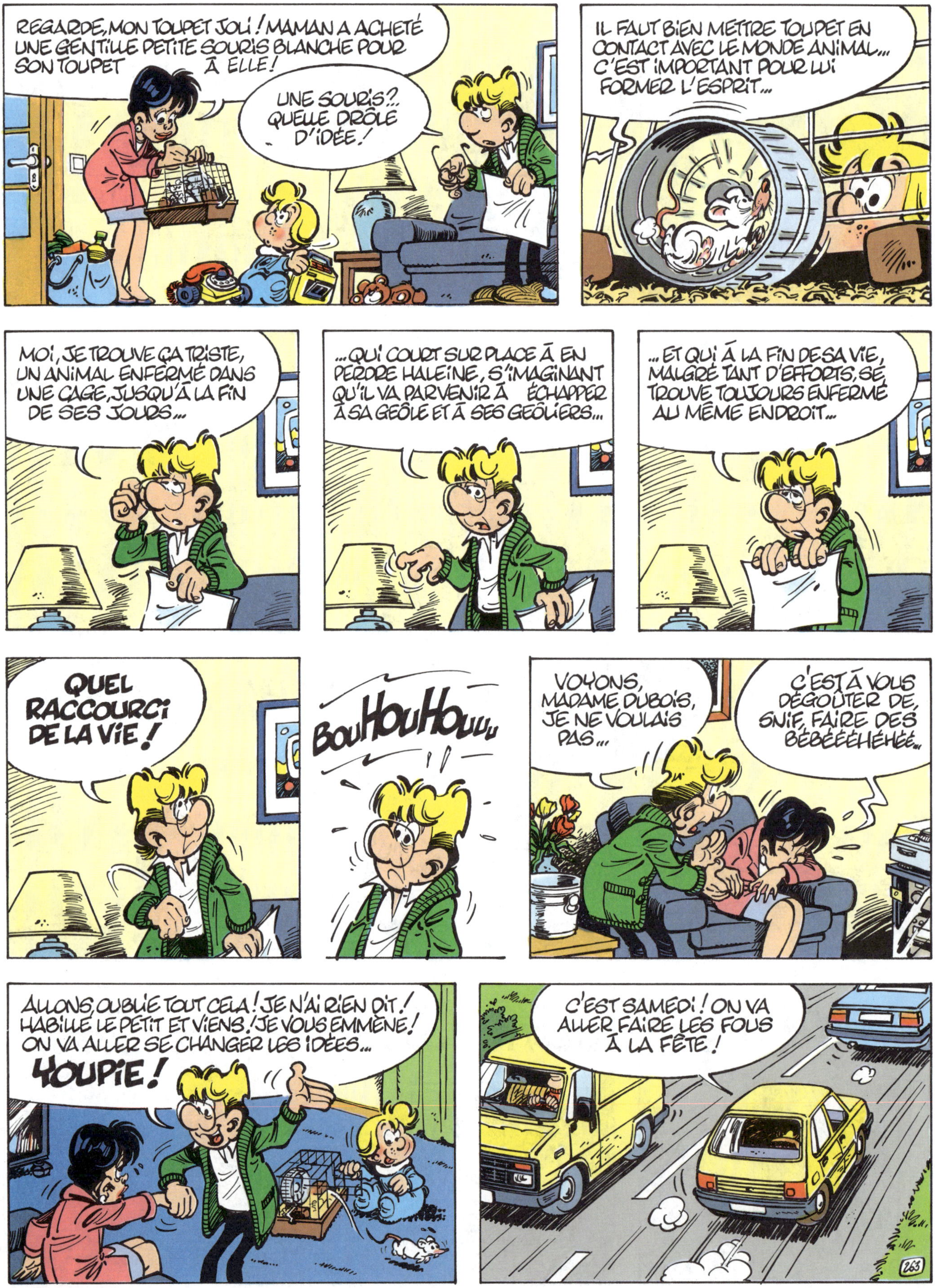

REGARDE, MON TOUPET JOLI ! MAMAN A ACHETÉ UNE GENTILLE PETITE SOURIS BLANCHE POUR SON TOUPET À ELLE !
UNE SOURIS ?.. QUELLE DRÔLE D'IDÉE !
IL FAUT BIEN METTRE TOUPET EN CONTACT AVEC LE MONDE ANIMAL... C'EST IMPORTANT POUR LUI FORMER L'ESPRIT...
MOI, JE TROUVE ÇA TRISTE, UN ANIMAL ENFERMÉ DANS UNE CAGE, JUSQU'À LA FIN DE SES JOURS...
...QUI COURT SUR PLACE À EN PERDRE HALEINE, S'IMAGINANT QU'IL VA PARVENIR À ÉCHAPPER À SA GEÔLE ET À SES GEÔLIERS...
...ET QUI À LA FIN DE SA VIE, MALGRÉ TANT D'EFFORTS, SE TROUVE TOUJOURS ENFERMÉ AU MÊME ENDROIT...
QUEL RACCOURCI DE LA VIE !
BOUHOUHOUUU
VOYONS, MADAME DUBOIS, JE NE VOULAIS PAS...
C'EST À VOUS DÉGOÛTER DE, SNIF, FAIRE DES BÉBÉÉÉHÉHÉÉ...
ALLONS, OUBLIE TOUT CELA ! JE N'AI RIEN DIT ! HABILLE LE PETIT ET VIENS ! JE VOUS EMMÈNE ! ON VA ALLER SE CHANGER LES IDÉES...
YOUPIE !
C'EST SAMEDI ! ON VA ALLER FAIRE LES FOUS À LA FÊTE !
263

ALORS, HEUREUSE ?
CRASH
GAMES

# EN AVANT LA MUSIQUE!

B'SOIR, CHÉRIE! OÙ EST TOUPET?
IL JOUE DANS LA SALLE... POURQUOI?
J'AI QUELQUE CHOSE D'IMPORTANT POUR SON ÉDUCATION À LUI MONTRER.
HÉ?
BLAFF
VOUS POURRIEZ FAIRE ATTENTION! VOUS AVEZ FAILLI ME RENVERSER!
JE VOUS PRÉVIENS: SI VOUS L'AVEZ CASSÉE, JE...
OUF! ELLE EST INTACTE!
APPRENDRE LE BANJO À VOTRE ÂGE?! VOUS NE CRAIGNEZ PAS QUE...?
GUITARE! C'EST UNE GUITARE!
NETTOYEZ VOS OREILLES, PAPOUNET! GUI-TA-RE!
CERTES! MIEUX VAUT TARD QUE JAMAIS...
À CE PROPOS, IL Y A COMBIEN D'ANNÉES QUE TU N'EN AS PLUS JOUÉ?..
JE NE VOUDRAIS PAS TE VEXER, MAIS LA GUITARE, C'EST COMME LE VÉLO... ÇA NE S'OUBLIE PAS!
DE TOUTE FAÇON, J'AIME PAS LE BANJO.
AVEC LES COPAINS, ON AVAIT CRÉÉ UN GROUPE, MOI À LA GUITARE, LÉON À L'HARMONICA, ET DANIEL QUI TAPAIT SUR DES BIDONS...
APPRENEZ DONC L'ACCORDÉON.
ON FAISAIT UN TABAC AVEC "BLACK BABY BLUES." TIENS, ÉCOUTE, TOUPET...
265

TOUPET! TU M'ÉCOUTES?
TU NE CROIS PAS QU'IL EST ENCORE UN PEU JEUNE POUR...?
L'ACCORDÉON, ÇA, C'EST DE LA MUSIQUE.
MADAME DUBOIS! SACHE QU'À CINQ ANS, MOZART COMPOSAIT SA PREMIÈRE SYMPHONIE! L'ÉVEIL MUSICAL DE TOUPET N'A QUE TROP TARDÉ!
JE DOIS PRÉPARER SON OREILLE!
VOYONS, "BLACK BABY BLUES", ÇA COMMENÇAIT PAR UN DO... OU PEUT-ÊTRE UN SI... C'EST ÇA!
ONE... TWO... THREE...
PLOING
VOIR TA TÊTE, FIFILLE, ME CONSOLE D'ÊTRE DUR D'OREILLE!
CLONK
!!
WOWOUUOOOWOUUUOOO
NAN!
C'EST POURTANT VRAI QU'IL A DE L'OREILLE... ÉCOUTE ÇA!
QUEL SENS DU RYTHME!
OÙ EST LE TORTIONNAIRE DE MA CHIENNE, QUE JE LUI FROTTE LES OREILLES?
GRAT GRAT GRAT
BZOÏNG
BZOÏNG
266

# LA RUMBA DU BIGOUDI

UNE LETTRE RECOMMANDÉE. SIGNEZ ICI.
RHAA! QU'EST-CE QUE C'EST QUE ÇA?
UN BIGOUDI. POURQUOI?
TU AS OSÉ METTRE UN BIGOUDI SUR LA TÊTE DE MON FILS?
JE T'INTERDIS DE PRENDRE MON FILS POUR... POUR...
POUR?
...TA FILLE!
DANS CHAQUE HOMME, IL Y A UNE PART DE FÉMINITÉ ET J'AI LE DROIT DE METTRE...
...UN BIGOUDI DESSUS!
DANS CHAQUE FEMME, IL Y A UNE PART DE MASCULINITÉ ET J'AI LE DROIT DE METTRE...
...MON POING DEDANS!
ASSEYONS-NOUS TOUS LES SIX AUTOUR D'UNE TABLE ET CAUSONS!

PRINTED IN BELGIUM BY
proost
INTERNATIONAL BOOK PRODUCTION